Arbre Généalogique
de L'harmonie
Ut bémol Majeur
Sol bémol Majeur
Ré bémol Majeur
La bémol mineur
Mi bémol mineur
Si bémol mineur
La bémol Majeur
Mi bémol Majeur
Si bémol Majeur
Fa mineur
Ut mineur
Sol mineur
Fa Majeur
Ut Majeur
Sol Majeur
Ré mineur
La mineur
Mi mineur
Ré Majeur
La Majeur
Mi Majeur
Si mineur
Fa dièse mineur
Ut dièse mineur
Si Majeur
Fa dièse Majeur
Ut dièse Majeur
Sol dièse mineur
Ré dièse mineur
La dièse mineur
Si
Fa
Mi
Ut
La
Sol
Ré
Engendrée par Quinte
La
Ut
Fa
Mi
Ré
Sol
Si
Engendrée par Tierce
Dédié à
Louis Phelypeaux
Commandeur et Chancelier
Ministre et Secretaire d'Etat
Par son très-humble et très
Monseigneur
Comte de St Florentin
des ordres du Roy
Chancelier de la Reine
dévoué Serviteur, Vial
Arrivet delineavit
et Sculpsit

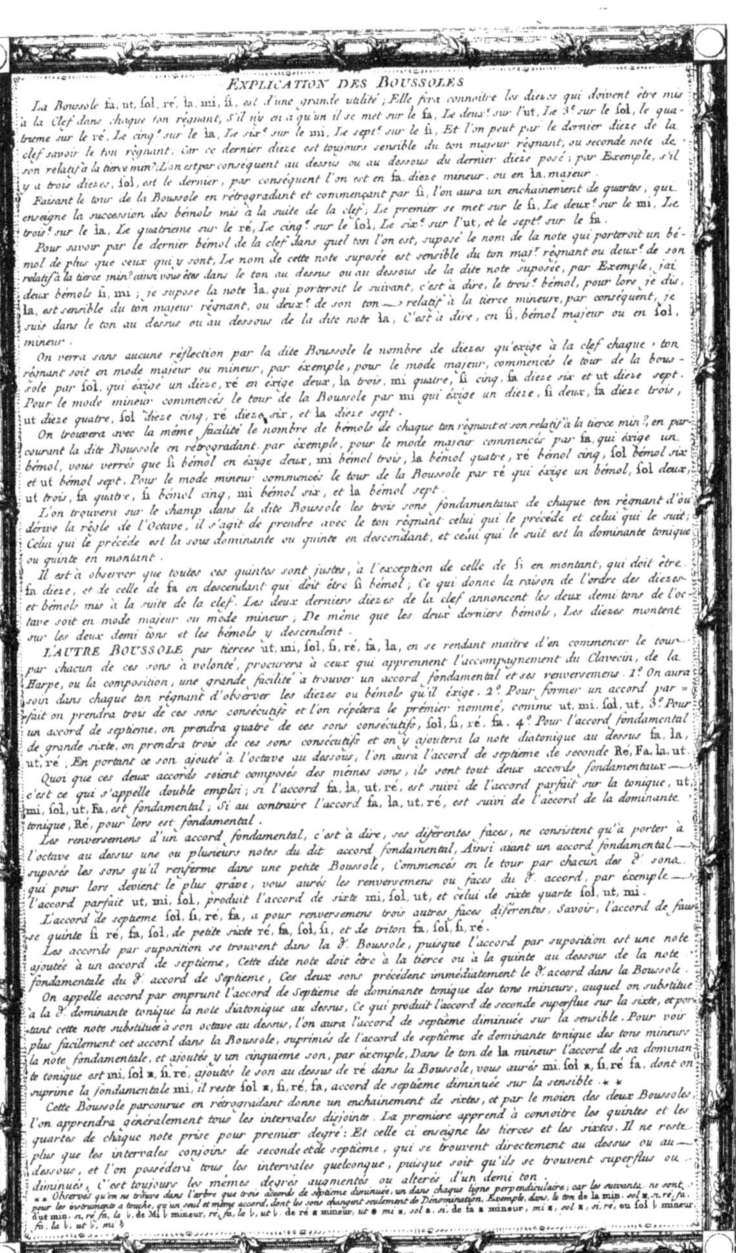

EXPLICATION DES BOUSSOLES

La Boussole fa, ut, sol, ré, la, mi, si, est d'une grande utilité ; Elle fera connoître les dieses qui doivent être mis à la Clef dans chaque ton régnant, s'il n'y en a qu'un il se met sur le fa, Le deux.e sur l'ut, Le 3.e sur le sol, le quatrieme sur le ré, Le cinq.e sur le la, Le six.e sur le mi, Le sept.e sur le si, Et l'on peut par le dernier dieze de la clef savoir le ton régnant, Car ce dernier dieze est toujours sensible du ton majeur régnant, ou seconde note de son relatif à la tierce min.e L'on est par conséquent au dessus ou au dessous du dernier dieze posé ; par Exemple, s'il y a trois diezes, sol, est le dernier, par conséquent l'on est en fa, dieze mineur, ou en la, majeur.

Faisant le tour de la Boussole en rétrogradant et commençant par si, l'on aura un enchainement de quartes, qui enseigne la succession des bémols mis à la suite de la clef ; Le premier se met sur le si, Le deux.e sur le mi, Le trois.e sur le la, Le quatrieme sur le ré, Le cinq.e sur le sol, Le six.e sur l'ut, et le sept.e sur le fa.

Pour savoir par le dernier bémol de la clef dans quel ton l'on est, suposé le nom de la note qui porteroit un bémol de plus que ceux qui y sont, Le nom de cette note suposée est sensible du ton maj.r régnant ou deux.e de son relatif à la tierce min.e ainsi vous êtes dans le ton au dessus ou au dessous de la dite note suposée, par Exemple, j'ai deux bémols si, mi ; je supose la note la, qui porteroit le suivant, c'est à dire, le trois.e bémol, pour lors je dis, la, est sensible du ton majeur régnant, ou deux.e de son ton — relatif à la tierce mineure, par conséquent, je suis dans le ton au dessus ou au dessous de la dite note la, C'est à dire, en si, bémol majeur ou en sol, mineur.

On verra sans aucune réflection par la dite Boussole le nombre de diezes qu'exige à la clef chaque ton régnant soit en mode majeur ou mineur, par exemple, pour le mode majeur, commencés le tour de la boussole par sol, qui exige un dieze, ré en exige deux, la trois, mi quatre, si cinq, fa dieze six et ut dieze sept. Pour le mode mineur commencés le tour de la Boussole par mi qui exige un dieze, si deux, fa dieze trois, ut dieze quatre, sol dieze cinq, ré dieze six, et la dieze sept.

On trouvera avec la même facilité le nombre de bémols de chaque ton régnant et son relatif à la tierce min.e, en parcourant la dite Boussole en rétrogradant, par exemple, pour le mode majeur commencés par fa, qui exige un bémol, vous verrés que si bémol en exige deux, mi bémol trois, la bémol quatre, ré bémol cinq, sol bémol six et ut bémol sept. Pour le mode mineur commencés le tour de la Boussole par ré qui exige un bémol, sol deux, ut trois, fa quatre, si bémol cinq, mi bémol six, et la bémol sept.

L'on trouvera sur le champ dans la dite Boussole les trois sons fondamentaux de chaque ton régnant d'où dérive la règle de l'Octave, il s'agit de prendre avec le ton régnant celui qui le précéde et celui qui le suit ; Celui qui le précéde est la sous dominante ou quinte en descendant, et celui qui le suit est la dominante tonique ou quinte en montant.

Il est à observer que toutes ces quintes sont justes, à l'exception de celle de si en montant, qui doit être fa dieze, et de celle de fa en descendant qui doit être si bémol ; Ce qui donne la raison de l'ordre des diezes et bémols mis à la suite de la clef. Les deux derniers diezes de la clef annoncent les deux demi tons de l'octave soit en mode majeur ou mode mineur, De même que les deux derniers bémols, Les diezes montent sur les deux demi tons et les bémols y descendent.

L'AUTRE BOUSSOLE par tierces ut, mi, sol, si, ré, fa, la, en se rendant maitre d'en commencer le tour par chacun de ces sons à volonté, procurera à ceux qui apprennent l'accompagnement du Clavecin, de la Harpe, ou la composition, une grande facilité à trouver un accord fondamental et ses renversemens. 1.º On aura soin dans chaque ton régnant d'observer les diezes ou bémols qu'il exige. 2.º Pour former un accord parfait on prendra trois de ces sons consécutifs et l'on répétera le prémier nommé, comme ut, mi, sol, ut, 3.º Pour un accord de septieme, on prendra quatre de ces sons consécutifs, sol, si, ré, fa, 4.º Pour l'accord fondamental de grande sixte, on prendra trois de ces sons consécutifs et on y ajoutera la note diatonique au dessus fa, la, ut, ré, En portant ce son ajouté à l'octave au dessous, l'on aura l'accord de septieme de seconde Ré, Fa, la, ut.

Quoi que ces deux accords soient composés des mêmes sons, ils sont tout deux accords fondamentaux — c'est ce qui s'appelle double emploi ; si l'accord fa, la, ut, ré, est suivi de l'accord parfait sur la tonique, ut, mi, sol, ut, Fa, est fondamental ; Si au contraire l'accord fa, la, ut, ré, est suivi de l'accord de la dominante tonique, Ré, pour lors est fondamental.

Les renversemens d'un accord fondamental, c'est à dire, ses diférentes faces, ne consistent qu'à porter à l'octave au dessus une ou plusieurs notes du dit accord fondamental, Ainsi aiant un accord fondamental suposés les sons qu'il renferme dans une petite Boussole, Commencés en le tour par chacun des d.s sons qui pour lors devient le plus grave, vous aurés les renversemens ou faces du d.t accord, par éxemple l'accord parfait ut, mi, sol, produit l'accord de sixte mi, sol, ut, et celui de sixte quarte sol, ut, mi.

L'accord de septieme sol, si, ré, fa, a pour renversemens trois autres faces diférentes, Savoir, l'accord de fausse quinte si ré, fa, sol, de petite sixte ré, fa, sol, si, et de triton fa, sol, si, ré.

Les accords par suposition se trouvent dans la d.e Boussole, puisque l'accord par suposition est une note ajoutée à un accord de septieme, Cette dite note doit être à la tierce ou à la quinte au dessous de la note fondamentale du d.t accord de Septieme, Ces deux sons précédent immédiatement le d.t accord dans la Boussole.

On appelle accord par emprunt l'accord de Septieme de dominante tonique des tons mineurs, auquel on substitue à la d.e dominante tonique la note diatonique au dessus, Ce qui produit l'accord de seconde superflue sur la sixte, et portant cette note substituée à son octave au dessus, l'on aura l'accord de septieme diminuée sur la sensible. Pour voir plus facilement cet accord dans la Boussole, suprimés de l'accord de septieme de dominante tonique des tons mineurs la note fondamentale, et ajoutés y un cinquieme son, par éxemple, Dans le ton de la mineur l'accord de sa dominante tonique est mi, sol x, si, ré, ajoutés le son au dessus de ré dans la Boussole, vous aurés mi, sol x, si, ré fa, dont on suprime la fondamentale mi, il reste sol x, si, ré, fa, accord de septieme diminuée sur la sensible. * *

Cette Boussole parcourue en rétrogradant donne un enchainement de sixtes, et par le moien des deux Boussoles, l'on apprendra généralement tous les intervales disjoints. La premiere apprend à connoitre les quintes et les quartes de chaque note prise pour premier degré : Et celle ci enseigne les tierces et les sixtes. Il ne reste plus que les intervales conjoins de seconde et de septieme, qui se trouvent directement au dessus ou au dessous, et l'on possédera tous les intervales quelconque, puisque soit qu'ils se trouvent superflus ou diminués, C'est toujours les mêmes degrés augmentés ou alterés d'un demi ton.

* * Observés qu'on ne trouve dans l'arbre que trois accords de septieme diminuée, un dans chaque ligne perpendiculaire ; car les suivants ne sont pour les instruments a touche, qu'un seul et même accord, dont les sons changent seulement de Dénomination, Exemple, dans le ton de la min. sol x, si, ré, fa, d'ut min. x, ré, fa, la b, de Mi b mineur, ré, fa, la b, ut b, de ré x mineur, ut x mi x, sol x, si, de fa x mineur, mi x, sol x, si, ré, ou sol b mineur, fa, la b, ut b, mi b

CET ARBRE généalogique simplifie et met à la portée de tous ceux qui possèdent l'intonnation, l'Art de préluder non seulement dans un ton régnant, mais même de passer dans les modulations les plus recherchées sur tous les instrumens.

Les principales régles de la composition y sont developées, pouvant facilement observer les notes communes à diférens accords formant tenües ou sincopes, soit dans la succession des accords fondamentaux d'un ton régnant ou son relatif à la tierce min.e soit enfin dans un autre.

Ces tenües ou sincopes indiquent le doigté des accords pour l'accompagnem.t de Clavecin ou de Harpe, puisque la note répétée dans deux accords consecutifs doit être sur le même degré, par consequent le même doiat.

L'on verra du premier coup d'œil comment de la succession de diférens accords se forme le chant de plusieurs parties, par exemple, En prenant du Cercle du centre la note la plus aiguë de chaque accord fondamental du ton d'ut mode majeur, L'on en formera le chant sol, la, sol, sol, sol, pour la Basse continüe prenés les Sons les plus grâves, vous au-rés ut, ut, ut, si, ut, Et les notes intermédiaires qui restent donneront le chant mi, fa, mi, fa, mi, ou mi, re, mi, re, mi.

Il est à observer que l'on est libre de choisir des diférens sons d'un accord ceux que l'on voudra pour en former — un chant principal, et les notes restantes serviront pour les autres parties. par Exemple, au lieu du chant ci dessus sol, la, sol, sol, sol, l'on auroit pü tirer ceux ci, mi, fa, sol, fa, mi, ou mi, re, mi, fa, sol, ou ut, re, mi, fa, sol, ou mi, re, ut, si, ut, ou ut, la, mi, si, ut. &c.

L'on y prendra conneissance de la Basse fondamentale représentée par des noires, et de la dissonnance qui est la note la plus aigue d'un accord de septieme, ou la note diatonique au dessous de la noire, lors que led.t accord de septieme est renversé. Vous y verrés comment se préparent et sauvent les dissonnances, L'on y trouvera la régle de l'Octave, qui tire son origine de la cadence parfaite et de l'irréguliére. Finalement, aidé des Boussoles, tout l'art musical s'y — peut démontrer.

Chaque Cercle indique les dièzes et bémols qu'exige à la clef un ton régnant, et son relatif à la tierce mineure, le raport qu'ont entr'eux leurs accords, qui ne diférent que d'un son, Car substituant à la quinte d'un accord parfait majeur sa Sixte, on aura une face de l'accord parfait de son relatif à la tierce mineur. Exemple, ut, mi, sol, pro — duit ut, mi, la, ainsi de leurs autres accords.

L'on trouvera dans le Cercle du centre le ton d'ut et son relatif à la tierce mineure, Et dans les deux Cercles, dont l'un est à droite et l'autre à gauche, tous leurs tons relatifs, c'est à dire, qui ont quelque raport au ton d'ut majeur ou à celui de la mineur.

Dans le Cercle à droite est contenu le ton de sol mode majeur, Dominante Tonique d'ut et son relatif mi mode mineur, dominante tonique de la.

Dans le Cercle à gauche se trouve fa mode majeur sous dominante d'ut, et ré mode mineur sous dominante du ton de la.

Voila les tons relatifs au mode d'ut ou de la régnant, ils pourront servir de modele pour tous les tons régnants: Ce qui rend ces modulations ordinaires, c'est qu'elles n'ont qu'un dieze ou un bémol de plus que le régnant, Et l'on ne s'égarera ja-mais en ne passant d'un ton qu'à celui qui a un dieze ou bémol de plus, Le dieze conduit dans le ton de la dominante tonique, et le bémol dans celui de la sous dominante, Observant qu'un ✶ de moins, ou ♭ de plus sont Sinonimes.

Quand on possedera cet ordre de modulation, qui est le plus naturel on poura, au lieu de revenir au ton régnant, après avoir travaillé sur le ton de la dominante tonique, passer au ton qui exige un dieze de plus, Successivement à celui qui en exige deux, et de la à celui qui en exige trois &c et revenir par le même chemin, si mieux on n'aime quand on sera parvenu au ton qui exige cinq diezes, lui substituer celui qui a sept bemols, si ou ut ♭ étant la même touche, ainsi que sol dieze ou la bémol, et retourner au régnant par les bemols, en les suprimant l'un après l'autre. L'on peut encore passer des diezes aux bémols, Celui qui a six diezes pouvant être remplacé par celui qui a six bemols fa dieze ou sol bemol étant la même touche, ainsi de re dieze, ou mi bémol.

Si en partant du ton régnant vous modulés dans le ton de sa sous dominante qui est le coté des bémols vous irés de bémols en bémols, et reviendrés par la même route, ou par celle des diezes &c.

Un autre moien de modulation plus recherché, c'est d'observer que l'on peut facilement aller d'un ton majeur à son mineur, ou du mineur au majeur, Ce qui peut varier les routes cy devant tracées et ramener plus vite au ton régnant, ou quand on en sort s'en éloigner plus subitement, Ce qui procure par la liberté qu'on a de passer d'un ton à son relatif à la tierce mineure, les routes les plus interessantes dans l'art de la modulation, qui sont ici tracées avec tant de précision, que la plus legère attention sufira pour ne pas s'en écarter.

Il est à observer que pour passer d'un ton majeur à son mineur, l'on suprime trois diezes ou l'on ajoute trois bémols; S'il n'y a que deux diezes, on les suprime et l'on ajoute un bémol, S'il n'y a qu'un dieze, on le suprime et l'on met deux bémols. Ce passage du ton majeur à son mineur consistant dans trois nouveaux signes de mutation de sons opposés. L'on sçait que les signes de mutation de sons sont le dieze qui hausse la note d'un demi ton, le bé-mol qui lui est opposé, puisqu'il baisse le son d'un demi ton, Et le béquarre qui est opposé à tous les deux puisqu'il suprime l'un et l'autre. Par exemple, le ton d'ut majeur naturel devient mineur en y ajoutant trois bémols.

Le ton de Ré majeur qui a deux diezes, devient mineur en les suprimant et ajoutant un bémol.

Le ton de Sol majeur qui a un dieze, devient mineur en le suprimant et ajoutant deux bémols.

C'est tout le contraire pour passer du ton mineur au majeur, il faut alors ajouter trois diezes, ou suprimer trois bémols, par Exemple.

Le ton de La mineur naturel, devient majeur ajoutant trois diezes.

Le ton de Sol mineur qui a deux bémols, devient majeur en substituant un dieze aux deux bémols.

Le ton de Ré mineur qui a un bémol, devient majeur en substituant deux diezes au bémol.

Par ce qui vient d'être dit sur les Signes de mutation de Son, l'on apprendra que passer du ton régnant du coté des bémols, ou du coté d'un ton qui a un dieze de moins, est une façon de parler synonime. Le ton de la dominante tonique aiant toujours un dieze de plus que le ton de la tonique, ou un bémol de moins. Ce qui est la même chose, et le ton de la sous dominante au contraire un bémol de plus, ou un dieze de moins.

SE VEND { Chés L'Auteur Rue de Grenelle S.t Honoré vis-à-vis celle des deux Ecus, Maisons de Mad.e Saintelette, entre une porte Cochère et un Sellier, au troisième sur le devant, Et aux adresses ordinaires de Musique, Prix 6.# } A PARIS

AVEC PRIVILÉGE DU ROI.

Tons ou Modes majeurs par les Diezes.

C. modele de tous les tons majeurs	G. Majeur	D. Majeur	A. Majeur	E. Majeur	B. Majeur	F.♯ Majeur	
Octaves . 8	Ut	Sol	Re	La	Mi	Si	♯Fa	Huitieme ou réplique .
Notes sensibles 7	Si	♯Fa	♯Ut	♯Sol	♯Re	♯La	♯Mi	Septieme majeure . — Dernier Dieze ..
Sûdominantes 6	La	Mi	Si	♯Fa	♯Ut	♯Sol	♯Re	Sixte .
Dominantes 5	Sol	Re	La	Mi	Si	♯Fa	♯Ut	Quinte .
Soûdominantes 4	Fa	Ut	Sol	Re	La	Mi	Si	Quarte .
Médiantes 3	Mi	Si	♯Fa	♯Ut	♯Sol	♯Re	♯La	Tierce .
Sûtoniques 2	Re	La	Mi	Si	♯Fa	♯Ut	♯Sol	Seconde Note du ton .
Toniques 1	Ut	Sol	Re	La	Mi	Si	♯Fa	premiere Note du ton .
	Rien à la Clef	Un ♯ à la Clef	Deux ♯ à la clef	Trois ♯ à la clef	Quatre ♯ à la Clef	Cinq ♯ à la Clef	Six ♯ à la Clef	

Tons ou Modes mineurs par les Diezes.

A. modele de tous les tons mineurs	E. Mineur	B. Mineur	F.♯ Mineur	C.♯ Mineur	G.♯ Mineur	D.♯ Mineur	
Octaves .. 8	La	Mi	Si	♯Fa	♯Ut	♯Sol	♯Re	Huitieme ou réplique
Notes sensibles 7	♯Sol♮	♯Re♮	♯La♮	♯Mi♮	♯Si♮	♯Fa♮	♯Ut♮	Septieme majeure .
Sûdominantes 6	♯Fa♮	♯Ut♮	♯Sol♮	♯Re♮	♯La♮	♯Mi♮	♯Si♮	Sixte .
Dominantes 5	Mi	Si	♯Fa	♯Ut	♯Sol	♯Re	♯La	Quinte .
Soûdominantes 4	Re	La	Mi	Si	♯Fa	♯Ut	♯Sol	Quarte .
Médiantes 3	Ut	Sol	Re	La	Mi	Si	♯Fa	Tierce .
Sûtoniques 2	Si	♯Fa	♯Ut	♯Sol	♯Re	♯La	♯Mi	Seconde Note du ton . — Dernier Dieze .
Toniques 1	La	Mi	Si	♯Fa	♯Ut	♯Sol	♯Re	premiere Note du ton .
	Rien à la Clef	Un ♯ à la Clef	Deux ♯ à la clef	Trois ♯ à la clef	Quatre ♯ à la Clef	Cinq ♯ à la Clef	Six ♯ à la Clef	

Nota. Que dans le mode Mineur la 6.xte et 7.eme sont majeures en montant et mineures en descendant .

Tons relatifs
C, Sol Ut majeur
A, mi la mineur
G, Re sol majeur
E, Si mi mineur
D, La re majeur
B, Fa si mineur
A, Mi la majeur
F, Ut fa mineur
E, Si mi majeur
C, Sol ut mineur
B, Fa si majeur
G, Re sol mineur
F, Ut fa majeur
D, la re mineur
Premiere note du ton.
2de 3ce 4te 5te 6xte 7eme 8ve 8ve 7eme 6xte 5te 4te 3ce 2de 1ere
tonique mediante dominante note sensible
toniq. medi. domin. n.s.

Tons ou Modes majeurs par les Bemols.

		C. Modele de tous les tons majeurs	**F.** Majeur	**B♭.** Majeur	**E♭.** Majeur	**A♭.** Majeur	**D♭.** Majeur	**G♭.** Majeur	
Octaves..	8	Ut	Fa	♭Si	♭Mi	♭La	♭Re	♭Sol	Huitiéme ou replique.
Notes Sensibles	7	Si	Mi	La	Re	Sol	Ut	Fa	Septiéme majeure.
Sûdominantes	6	La	Re	Sol	Ut	Fa	♭Si	♭Mi	Sixte.
Dominantes.	5	Sol	Ut	Fa	♭Si	♭Mi	♭La	♭Re	Quinte.
Soûdominantes	4	Fa	♭Si	♭Mi	♭La	♭Re	♭Sol	♭Ut	Quarte.
Médiantes	3	Mi	La	Re	Sol	Ut	Fa	♭Si	Tierce.
Sûtoniques.	2	Re	Sol	Ut	Fa	♭Si	♭Mi	♭La	Seconde Note du ton.
Toniques..	1	Ut	Fa	♭Si	♭Mi	♭La	♭Re	♭Sol	première Note du ton.
			Rien à la Clef	Un ♭ à la Clef	Deux ♭ à la Clef	Trois ♭ à la Clef	Quatre ♭ à la Clef	Cinq ♭ à la Clef	Six ♭ à la Clef	

Dernier Bémol.

Tons ou Modes mineurs par les Bemols.

		A. Modele de tous les tons mineurs	**D.** Mineur	**G.** Mineur	**C.** Mineur	**F.** Mineur	**B♭.** Mineur	**E♭.** Mineur	
Octaves..	8	La	Re	Sol	Ut	Fa	♭Si	♭Mi	Huitiéme ou replique.
Notes Sensibles	7	*Sol♮	*Ut♮	*Fa♮	♭Si♮	♭Mi♮	♭La♮	♭Re♮	Septiéme majeure.
Sûdominantes.	6	*Fa♮	♭Si♮	♭Mi♮	♭La♮	♭Re♮	♭Sol♮	♭Ut♮	Sixte.
Dominantes	5	Mi	La	Re	Sol	Ut	Fa	♭Si	Quinte.
Soûdominantes	4	Re	Sol	Ut	Fa	♭Si	♭Mi	♭La	Quarte.
Médiantes	3	Ut	Fa	♭Si	♭Mi	♭La	♭Re	♭Sol	Tierce.
Sûtoniques	2	Si	Mi	La	Re	Sol	Ut	Fa	Seconde Note du ton.
Toniques..	1	La	Re	Sol	Ut	Fa	♭Si	♭Mi	première Note du ton.
			Rien à la Clef	Un ♭ à la Clef	Deux ♭ à la Clef	Trois ♭ à la Clef	Quatre ♭ à la Clef	Cinq ♭ à la Clef	Six ♭ à la Clef	

Dernier Bémol.

Mis en Ordre par Mr. David Professeur de Musique. 1766.
Et Gravé par Gerardin.

AVEC PRIVILEGE DU ROI.

TABLE D'ACCORDS

Dénombrement des accords qui composent l'harmonie dans l'accompagnement du Clavecin; maniere de les chiffrer ensemble, les sons dont ils sont composés, les dégrés où ils se font ordinairement, et quelques exceptions occasionnées par la sixte des tons du mode mineur, mise dans l'accord sensible à la place de la Dominante. ~

Dégré	Chiffre	Accord	Sons	Dérivation	(de la)
Tonique et Dominante	5	Accord parfait ou consonnant	358		Fondamental
Médiante	6	Sixte consonnante avec conson.t	638	Derivé de l'accord parfait	de la tierce d'audessous
Dominante	6/4	Sixte et quarte avec conson.t	648	Derivé de l'accord parfait	de la quinte d'audessous

Dégré	Chiffre	Accord	Sons	Dérivation	(de la)
Seconde Note du ton et Dominante	7	Accord de septième, ou dissonant	7358		Fondamental
Seconde Note du ton	6	Petite Sixte sensible (Quelquefois le 6/5 au lieu de la 6/4 dans le ton mineur)	6834.8	Dérivée de l'accord sensible qui est celui de la 7.me	de la quinte d'audessous (C'est l'accord sensible)
Sixième Note du ton	6	Petite Sixte	6834.8	Dérivée de l'accord de septième	de la quinte d'audessous
Quatrième Note du ton = en montant	6/5	Quinte et sixte	5563.8	Dérivée de l'accord de septième	de la tierce d'audessous
Note sensible ou septième majeure	6 ou 5	Fausse quinte	5463.8	Dérivée de l'accord de septième	de la tierce d'audessous (C'est l'accord sensible)
Quatrième Note du ton = en descendant	4# ou 4+	Triton (Quelquefois la 3.me majeure au lieu de la seconde, dans le ton mineur)	4462.8	Dérivé de l'accord de septième	de la septième d'audessous (C'est l'accord sensible)
Tonique, et les autres Notes lorsque la basse syncope	2	Seconde	2446.8	Dérivée de l'accord de septième	de la septième d'audessous (Dite note d'audessus)
Se peut faire sur tous les dégrés en montant	9	Neuvième	9753	Dérivée de l'accord de septième	de la tierce d'audessous
Dominante	4 ou 4	Quarte et quinte petite onzième	458	Ce sont deux accords de suspension	
Tonique	9	Petite Neuvième	985		
Seconde Note du ton (rarement)	4/4	Grande onzième	4579	Dérivée de l'accord de septième	de la quinte d'audessous
Tonique	7+ ou 7/2	Septième superflue (Quelquefois la #6 au lieu de la 7. dans le ton mineur)	7245.6	Dérivée de l'accord de septième	de la quinte d'audessous (C'est l'accord sensible)

Les trois Accords suivants ne se font que dans les tons du mode mineur.

Dégré	Chiffre	Accord	Sons	Dérivation	(de la)
Sur la médiante	5 ou 5	quinte superflue (Quelquefois la 4.te au lieu de la 5.te dans le ton mineur)	5793.4	Dérivée de l'accord de septième	de la tierce d'audessous (C'est l'accord sensible)
Sur la sixième Note du ton	2 ou 2	seconde superflue (Quelquefois la Note superflue en descendant sur la Dominante par tierce #834)	2#6.8		C'est encore l'accord sensible ou la note d'emprunt se trouve dans la basse
Sur la Note sensible	b7 ou 7	septième diminuée	763.8		C'est aussi l'accord sensible avec la note d'emprunt

Nota. Que l'accord de septième se distingue sous trois noms différents

Premierement. — Sçavoir; l'accord de septième de seconde Note; la tierce y est mineure.

Secondement. — L'accord sensible qui est celui de septième de Dominante; la tierce du son fondamental y est majeure, ce qui fait la note sensible du ton.

Troisiemement. — L'accord de septième diminuée, la tierce y est mineure, et la quinte fausse.

Mis en Ordre par M. David Professeur de Musique 1766.

Nota. Que les accords de petite sixte sensible, de Triton, de Quinte superflue; de fausse quinte; de septième diminuée; et de seconde superflue; sont dérivés et les mêmes que l'accord de septième de dominante dit accord sensible : David

C'est l'accord de la dominante dans lequel on met la sixte mineure au lieu de la dominante. On les nomme accords d'emprunt ou accords de substitution.

AVEC PRIVILEGE DU ROI.

Gravé par Gerardin.